Leichtsinn

Autorenkreis
Ruhr-Mark e. V.
(Hrsg.)

Leichtsinn

Literaturwettbewerb 2023

Bibliografische Information der Deutschen Nationalbibliothek: Die Deutsche Nationalbibliothek verzeichnet diese Publikation in der Deutschen Nationalbibliografie; detaillierte bibliografische Daten sind im Internet über www.dnb.de abrufbar.

Autorenkreis Ruhr-Mark e. V. (Hrsg.)
Leichtsinn – Literaturwettbewerb 2023

Bilder:
Cover – Christiane Maria Kranendonk

Layout, Textsatz und Cover:
Peter Teuchert
www.buchsatz-fuer-selfpublisher.de

1. Auflage 2023

ISBN: 978-3-7583-1549-7

Herstellung und Verlag:

BoD – Books on Demand, Norderstedt

Inhalt

Teil 2 – Weitere lesenswerte Texte

Teil 3 – Anhang

Vorwort

Der Autorenkreis Ruhr-Mark e. V. mit Sitz in Hagen ist eine der ältesten Vereinigungen für Autorinnen und Autoren in Deutschland. Neben der Veranstaltung von Lesungen, dem Austausch mit anderen Literaturschaffenden und der Veröffentlichung der Werke seiner Mitglieder veranstaltet unser Verein regelmäßig Literaturwettbewerbe. Ziel eines Literaturwettbewerbs ist es seit jeher, Menschen im erweiterten Ruhr-Mark-Gebiet zum Schreiben von Texten zu einem bestimmten Thema anzuregen, ihnen ein Podium zu geben und sie so in der Entfaltung ihrer Talente zu unterstützen.

In diesem Jahr lobte der Autorenkreis das Wettbewerbsthema „Leichtsinn" aus. Leichtigkeit gepaart mit Sinnlichkeit versprach ein Thema zu sein, das viele dazu inspirieren würde, zum Beispiel über das Entfliehen aus der Alltagsschwere und über die Schönheit des Lebens zu schreiben, sowohl in Lyrik als auch in Prosa.

Mit dieser Annahme lagen wir richtig – zahlreiche Autorinnen und Autoren widmeten sich dem weitreichenden Thema auf unterschiedliche literarische Weise und setzten ihre ganz persönlichen Einsichten um. Neben Leichtigkeit, Freischaukeln und Jubelschrei wurden aber auch die Pendants Absturz, Angst-Chaos und Zerrissenheit thematisiert. Ein Balancetanz zwischen schwerer Leichtigkeit und leichter Schwere zieht sich durch die Texte.

Sechs Texte konnten die Jurys durch ihre Originalität und bildhafte Sprache sowie durch einen spannenden Handlungsaufbau überzeugen:

Lyrik Platz 1: Kristin Kelch, Bochum
Leichtsinn über die Jahre

Lyrik Platz 2: Anja Liedtke, Bochum
Mauswiesel über dem Seebersee

Lyrik Platz 3: Roland Krämer, Schwelm
Leichtsinnig und erdenschwer

Prosa Platz 1: Verena Gaupp, Dortmund
Groningen, 1992

Prosa Platz 2: Bruno Hessel, Ennepetal
Jauchzen

Prosa Platz 3: Michael Johannes B. Lange, Ennepetal
Freundschaft auf Felsen

Weitere fünf Texte wurden von den Jurys als ebenso unterhaltsam und lesenswert befunden.

Die vorliegende Anthologie *„Leichtsinn"* enthält somit elf Texte, die sich mit dem Thema „Leichtsinn" auseinandersetzen, die Tiefen und Höhen des Menschseins aufzeigen, in die Welt der Gefühle reisen, von Mut schwärmen und nicht zuletzt literarisch inspirieren.

Das auf dem Buchcover dargestellte Bild einer Seiltänzerin wurde von unserem Mitglied Christiane Maria Kranendonk zur Verfügung gestellt.

Der Autorenkreis dankt allen Einsenderinnen und Einsendern für ihre Teilnahme am Literaturwettbewerb.

Velina van der Gaag
  1. Vorsitzende
  Autorenkreis Ruhr Mark e. V.

Teil 1

Die Preisträgerinnen und Preisträger

Kristin Kelch

1. Platz Lyrik

lektion: Leichtsinn!

das erste mal sich ganz freischaukeln und dann
den absprung wagen und sicher landen
die zuversicht kommt uns niemals abhanden
im balanceakt tanz auf den mauern wann

kommt die hand das allzu sehr mahnende wort
die ignoranz lässt uns fliegen lernen
wir greifen nach allem auch nach den sternen
im himmel der glaube zweifel nicht hört

lebensdauer unendlich wie kommen
wir hier hin wir sind in nöten beim
ersten absturz gibt es noch keinen reim

den vorwurf „Leichtsinn!" vernommen
und das wort wir werden's niemals vergessen
und es jetzt besser wissen

... das sagt die Jury

Es gibt viele verschiedene Arten und Weisen, wie man ein Sonett verfassen kann. Eins steht allerdings fest: Wer ein eigensinniges, ein neuartiges Sonett erschaffen will, muss die Wurzeln kennen.

Das Gedicht *„lektion: Leichtsinn!"* zeugt davon, dass nicht nur diese Kenntnisse vorhanden sind; vielmehr beweist Kristin Kelch einen scharfen Sinn für die Form und ihre Brüche, für die Klangempfindung und die Notwendigkeit des Überraschens. Dies mündet in einer großartigen Verspieltheit, als würde die Autorin – ganz im Sinne des Themas – leichtsinnig mit dem Wort umgehen, doch ihm erst auf diesem Wege den nötigen Respekt erweisen.

Kristin Kelch

- geb. 1993
- lebt in Bochum
- stolze Katzenmami
- studiert Literaturwissenschaften
  an der Ruhr-Universität Bochum
- hat als studentische Übersetzerin bei der
  Veröffentlichung der Anthologie *„Einen kleinen
  Flieder pflanzen in Vermont": Ausgewählte Gedichte
  von Adelaide Crapsey und Genevieve Taggard* im
  Rahmen eines Seminars der Komparatistik an der
  Ruhr-Uni Bochum mitgewirkt
- empfindet Schreiben als eine seltsame Mischform
  aus Eskapismus und Realitätsverschärfung

Verena Gaupp

1. Platz Prosa

Groningen, 1992

Die Kuppe ihres rechten Zeigefingers fühlte sich taub an. Der Rest ihrer Hand umschloss die Dose mit dem Pfefferspray, die sich auf ihrer ganzen Interrailtour unbenutzt in der rechten Jackentasche befunden hatte. Wie lange saß sie jetzt wohl schon auf diesem braunen Cordsofa, jederzeit bereit, die Hand aus der Tasche zu ziehen und abzudrücken? Zwei Stunden vielleicht? Sie schwitzte, ein Tropfen rann an ihrer Schläfe herunter, und sie hörte ihren eigenen Atem, schnell wie nach einem 100-Meter-Lauf, viel schneller, als sie wollte. Sie versuchte sich zu beruhigen. Der Mann schien von alldem nichts zu bemerken. Er saß mit etwas Abstand neben ihr, sein Blick schweifte unstet umher, blieb mal an ihr hängen, irrlichterte dann weiter, während er ununterbrochen redete.

Mehr als 48 Stunden Zugreise lagen bereits hinter ihr, als ihre Wege sich kreuzten. Von Südspanien, wo sie sich von ihrem Reisebegleiter getrennt hatte, bis Groningen war sie ohne Pause unterwegs gewesen und dann hundemüde, mit abgelaufenem Ticket und ohne Geld für die Weiterfahrt, kurz vor der deutschen Grenze gestrandet. Allein nachts am menschenleeren Bahnhof von Groningen, zu erledigt für klare Gedanken, war sie einfach mitgegangen, als der fremde ältere Herr vorbeikam und sie in fast lupenreinem Deutsch angesprochen hatte. Was sie denn hier ganz allein mache. Ach, so ein Pech, nichts mehr im Portemonnaie und kein Fahrschein. Sie könne jedenfalls nicht die ganze Nacht am Bahnhof bleiben, sie dürfe bei ihm, ganz in der Nähe, ausruhen. Nur ganz kurz hatte sie gezögert, dann hatte die Aussicht auf ein paar Stunden Schlaf in einer warmen Wohnung sie ihm folgen lassen.

Kaum hatte sie die Treppe erklommen und den engen, schummrigen Flur betreten, hörte sie, wie er die Wohnungstür von innen abschloss. Sie drehte sich um, und in ihrem Hirn sagte eine tausendfach gehörte Stimme ‚Geh nie mit fremden Männern mit', während er den Schlüssel lächelnd in seine Hosentasche steckte. Adrenalin flutete ihren Körper, die Müdigkeit war verschwunden.

„Nehmen Sie Platz dort auf dem Sofa", hatte der Mann mit Nachdruck gesagt, und sie hatte den Rucksack neben dem Sofa abgestellt, während ihre Synapsen fieberhaft Kontakt zueinander suchten.

„Dürfte ich ganz kurz Ihr Telefon benutzen?" Sie hatte versucht, so arglos und fröhlich zu klingen wie nur möglich. Er hatte sie angeschaut und genickt. Sie hatte die Nummer ihrer Mutter gewählt, die nach einigem Klingeln übernächtigt und mit schläfriger Stimme ans Telefon ging. Langsam und deutlich sagte sie:

„Hallo Mama, ich wollte nur kurz Bescheid geben, dass ich heute in Groningen bei einem netten Herrn in der Nähe vom Bahnhof die Zeit bis zum nächsten Zug verbringe. Morgen bin ich dann wieder zurück! Schlaf gut!" Dann hatte sie schnell aufgelegt, um besorgten Nachfragen zuvorzukommen, und sich aufs Sofa gesetzt, wo sie seither unbeweglich und so still wie möglich saß, während eine nicht enden wollende Flut an Wörtern ihre Ohren überschwemmte und das Denken erschwerte.

„Als ich noch gearbeitet habe, hatte ich immer Gebäck im Haus für Besucher, aber jetzt nicht mehr. Draußen funktioniert die Straßenlaterne schon seit zwei Jahren nicht mehr. Ich habe bei der Stadt angerufen, aber es passiert nichts. Na ja. Groningen ist schön, Sie sollten ein Weilchen hierbleiben ..."

Was sollte das bedeuten? Was wollte er von ihr? Sie hier gefangen halten? Sie zwang sich zu einem Lächeln, aber er schaute jetzt in den nur durch eine funzelige Tischleuchte erhellten Nebenraum, in dem ein Tisch stand, auf dem ein paar Papiere lagen, viel mehr konnte sie nicht sehen.

„Ich habe Post bekommen vom Einwohnermelde-amt ..." Sie konnte ihm nicht folgen. Was der Mann sagte, wirkte auf sie vollkommen willkürlich und zusammenhanglos. Wie alt mochte er sein? Vielleicht sechzig? Inzwischen war die Müdigkeit zurück und wechselte sich mit der mühsam in Schach gehaltenen Panik ab. Ohne den Inhalt seiner Worte richtig aufzunehmen, stoben ihre Gedanken wild durcheinander. Würde sie mit ihm kämpfen müssen? War er einfach nur ein Spinner? Oder etwa ein Ver-gewaltiger, ein Mörder? Wenn sie ihn mit Pfeffer-spray lahmlegte – wie kam sie aus der Wohnung? Sollte sie laut schreien – oder würde ihn das aggres-siv machen? Irgendwo tickte eine Uhr, die sie aber nicht sah. Wie spät mochte es mittlerweile sein? Vier Uhr morgens?

Immer wieder sah er auf seine Armbanduhr. Sie konnte nicht erkennen, welche Zeit sie anzeigte, aber sie war ihm um kurz nach Mitternacht am Bahnhof begegnet. Ihrem Empfinden nach waren sicher vier bis fünf Stunden vergangen. Es schien, als würde es im Nebenraum langsam heller werden, als der Mann sagte:

„Sie haben schönes Haar. Wie in der Werbung." Er hatte seinen Arm auf die Rückenlehne des Sofas gelegt und sich zu ihr gedreht. Sie erstarrte, warf ihm einen kurzen, gehetzten Blick zu, schaute dann wieder geradeaus, um ihn bloß nicht zu irgendetwas einzuladen. Sie hatte das Gefühl, sich übergeben zu müssen, und öffnete minimal die Lippen, um durch den Mund einzuatmen. Das half ein bisschen. Auch er hatte den Kopf wieder weggedreht und redete weiter. Die Werbung sei ja heutzutage meistens widerlich und obszön. Das Wort obszön hallte hinter ihrer Stirn nach, während er weiter schwadronierte. Das Atmen fiel ihr schwer, sie sah an sich herunter, um sicherzugehen, dass ihr nichts den Brustkorb zusammendrückte. Da war nichts, trotzdem hatte sie Angst, keine Luft mehr zu bekommen und ohnmächtig zu werden.

„Einfach ruhig atmen und stillsitzen", sagte sie sich selbst in Gedanken. Er sprach weiter. Sie nahm nur einzelne Begriffe auf – Militär, Supermarkt, Nachbarn, Straßenbahn oder Massenpanik – und wünschte sich verzweifelt, sie wäre einfach allein am Bahnhof geblieben.

Dann irgendwann schaute er wieder auf seine Uhr und seufzte. Was bedeutete das? Der Mann stand auf und ging zu dem Tisch, auf dem die einsame Leuchte ihre Arbeit tat. Er zog eine Schublade auf und griff hinein. Sie starrte auf seine Hand, die nach etwas suchte, hielt den Atem an und machte sich bereit aufzuspringen. Ihre rechte Hand umklammerte das Pfefferspray, die linke, die auf ihrem Knie lag, begann heftig zu zittern. Ohne Eile wandte er sich ihr zu und hielt ihr einen Geldschein hin. Sie musste an einen Köder denken und war unfähig, etwas zu tun, außer zwischen dem Geldschein und seinem fahlen, von einem grauen Haarkranz umgebenen Gesicht hin und her zu schauen.

„Der nächste Zug geht in einer halben Stunde", sagte er, „hiermit müssten Sie es bis nach Hause schaffen." Sie hob zögernd und ungläubig die linke Hand, darauf gefasst, dass er es nicht ernst meinte, und nahm vorsichtig den Schein.

Er ging zur Tür, zog den Schlüssel aus der Hosentasche und schloss auf, ohne sie anzuschauen. Er betätigte die Klinke und die Wohnungstür gab den Weg frei. Wie in Trance, mit trockenem Mund und wackligen Knien bewegte sie sich Richtung Tür, immer noch die rechte Hand in der Tasche. Zum ersten Mal seit Stunden hatte er aufgehört zu reden und folgte ihr mit seinem Blick, während sie an ihm vorbeiging – bemüht, keine schnelle Bewegung zu machen.

„Danke", sagte sie tonlos, als sie das Treppenhaus erreicht hatte, und ging nun Stufe für Stufe hinunter, ohne sich umzudrehen. In rasanter Abfolge schossen

Fragen durch ihr überreiztes Gehirn. Hatte der Anruf bei ihrer Mutter sie gerettet? Wollte der Mann ihr gar nichts Böses? Würde er ihr folgen? Plötzlich kamen ihre galoppierenden Gedanken bei der Haustür zum Stehen. Wäre das Ganze nur ein übles Spiel und die Tür abgesperrt? Der Muskel unter ihren Rippen stolperte schmerzhaft. Sie steckte hektisch den Geldschein in die linke Jackentasche und packte energisch die Klinke. Sie drückte den Hebel nach unten und stemmte sich mit so viel Wucht gegen die Haustür, dass sie fast auf den Gehsteig fiel. Sie schnappte überrascht nach Luft und rannte los. Rannte und rannte – bis sie am Gleis ankam, wo sie in der Nacht eine Entscheidung getroffen hatte, die sie so nie wieder treffen würde.

... das sagt die Jury

Verena Gaupp nimmt in ihrem Text einen häufigen Aufruf sehr ernst: Dinge nicht einfach zu erzählen, sondern zu zeigen. *„Groningen, 1992"* erzählt keine Geschichte, sondern zeigt uns den Angstschweiß der Reisenden. Er zeigt ihr panisches Herzrasen und ihre dadurch verursachte Unfähigkeit zu kommunizieren. Durch dieses Zeigen kommt man als Leserin oder Leser der Protagonistin sehr nahe – so nahe, dass man am Ende nicht weiß, ob die Nacht ein unglaublicher Leichtsinn gewesen ist oder die verpasste Chance einer wunderbaren Begegnung.

Verena Gaupp

- geb. 1971
- lebt in Dortmund
- 1991–1996: Studium (Romanistik, Soziologie, Europäische Ethnologie)
- 1997: Projektarbeiten
- 1998–2000: Redaktionsvolontariat bei einem Fachzeitschriftenverlag
- 2000–2006: Verlags- und Agenturerfahrung als Redakteurin und CvD
- seit 2006: freiberufliche Autorin/Redakteurin/ Journalistin/Texterin
- 2020: Shortlist Literaturpreis *Grassauer Deichelbohrer*

Anja Liedtke

2. Platz Lyrik

Mauswiesel
über dem Seebersee

Einem Gletscher
wollte ich die Hand auflegen
wie einem sterbenden Tier.
Doch der Steig war steil und weit.
Stattdessen riet ich einem Wiesel zu fliehen.
Siehst du nicht den Schatten
auf dem Bach,
in dem du trinken willst
und ich bade?

... das sagt die Jury

Worte hinterlassen Spuren, können trennen oder verbinden, durch die Zeit führen oder darüber hinaus.

Die Worte von Anja Liedtkes *„Mauswiesel über dem Seebersee"* aus ihrem *„Meraner Zyklus"* führen die Leserin und den Leser durch die Natur, die wir nicht immer ehrfürchtig behandeln. Sie sind eine Aufforderung, unsere Welt mit offenen Augen zu durchwandern. Dieses Gedicht scheint wie ein Suchen nach dem, was uns fehlt.

Anja Liedtke

- geb. 1966
- lebt in Bochum
- Romane und Reiseerzählungen
  über Israel, David Bowie, eine sozial
  und ökologisch nachhaltige Gesellschaft sowie die
  Folgen des Nationalsozialismus für ihre Generation
- ausgezeichnet mit dem Bettina-von-Arnim-Preis
- zahlreichen Stipendien
- rund um Meran hat sie die Natur beobachtet, um sie
  zu genießen, zu bewahren und das Erlebte in
  poetischer Sprache weiterzugeben
- sie dichtete unter dem Motto: Natur ist ein
  Menschenrecht

Bruno Hessel

2. Platz Prosa

Jauchzen

Sein zerrissenes, mühsames Leben. Er hatte Jahrzehnte gebraucht, um sich mit diesem Leben anzufreunden. Erst jetzt konnte er es nicht nur einigermaßen akzeptieren, sondern mit Wohlwollen betrachten – gelegentlich. Er musste nicht mehr kämpfen – gegen sich, gegen seine Kindheit und Jugend in dieser angstneurotischen Druckkammer seines Elternhauses, gegen seinen Körper, gegen seine selbstverordneten Beschränkungen. Er wurde versöhnlicher – er wurde Sohn seiner Mutter, die er geliebt und gehasst hatte. Fast wäre er an ihr zerbrochen. Er wurde Sohn seines Vaters, den er nie erlebt hatte, weil dieser kurz vor seiner Geburt ironischerweise in den letzten Kriegstagen „gefallen" war. Gefallen – ein Wort, das ihm als Kind lange rätselhaft blieb. Bilder seines Vaters nur als Second-Hand-Geschichte. Er wurde versöhnlicher im Umgang mit seinen Schwächen und Stärken. Auf letztere musste er immer wieder von anderen aufmerksam gemacht werden. Wenn er sich selbst hätte beschreiben müssen, hätte er sich als komplizierte Legierung aus Verzagtheit, Angst und Selbstzweifeln bezeichnet.

Doch heute suchte er in seiner Kartause, einem lichtdurchfluteten Zimmer in dem kleinen Städtchen am See, nur wenige Kilometer abseits seiner Hauptwohnung, nach einem Gefühl der Gemütlichkeit. Gab es in seinem Alter Situationen der Gemütlichkeit, also Augenblicke innerer Freiheit, vielleicht sogar von Leichtigkeit, ohne jede Beschränkung durch Gesundheitsgrenzen, Verpflichtungen, Zukunftsängste, Sorgen um die Kinder? Gemütlichkeit als Verweilen im „Jetzt als Ewigkeit", als einzige Wirklichkeit, als Überschreiten der Grenzen von Raum und Zeit, als Versenkung und Versöhnung seines schweren Mutes mit seinem leichten Sinn, auch wenn dieser oft verborgen schien. Geistesgegenwärtigkeit. Und er erinnerte sich an die wenigen Situationen seiner Kindheit, in denen er in all dem Angst-Chaos in den langen Sommerferien morgens nach dem Frühstück wieder ins Bett gehen durfte und grenzenlos die aus der bescheidenen Stadtbücherei geliehenen Bücher verschlingen und die Zeit und Bedrohungen weglesen konnte. Selbstvergessenheit. Weltvergessenheit. War das kindliches Glück – wenigstens für einen kurzen Augenblick?

Er versuchte sich diesem Gefühl der Gemütlichkeit jetzt in seiner Kartause anzunähern, es zu spüren. Hatten Gemütlichkeit und Gemüt auch mit Mut zu tun? Mit dem Mut, sich seiner selbst, also seiner Tiefe zu vergewissern? Sich ganz in die Summe des Lebens und dieses Augenblicks hineinzubegeben und in dieser Verdichtung neue Kraft zu spüren und zu schöpfen? Woher kam immer wieder diese neue Kraft – die stärker war als die Lähmungen durch Resignation wegen der großen Vergeblichkeit oder gar der Verzweiflung?

Er spürte, dass sich eine neue Empfindung und ein neues Denken in ihm Bahn brachen, behutsam, aber unauffällig zielstrebig – eine schwere Leichtigkeit. Oder war es eine leichte Schwere? Jedenfalls eine tiefe Ruhe, fast Körperlosigkeit und ein Einssein mit sich und der Welt. Er begann, seinen inneren Reichtum und seine Möglichkeiten zu spüren, diesen Reichtum eines unfassbar bewegten Lebens.

Das lichtdurchflutete Zimmer verschattete sich plötzlich. Ein Blick aus dem Fenster zeigte ihm, dass das Wetter umschlug. Eine dunkle Wolken- und Regenfront näherte sich. Noch war der See ruhig. Er nannte ihn sein „kleines Meer", weil man schon bei leichtem Nebel die andere Uferseite nur erahnen konnte. Mit seinem neu erworbenen, vielleicht auch erarbeiteten Gefühl von Reichtum, das ihm auch eine Unverletzbarkeit verlieh, ging er zur Garderobe, zog sich sein Regenzeug an und holte das knallgelbe

Kajak aus dem Schuppen. Er zog es über die schon feuchte Wiese zum Seeufer. Als er sich in die enge Einstiegsluke seines Kajaks zwängte, schaukelte das Boot bedenklich. Es beruhigte sich erst, als er mit kraftvollen Schlägen lospaddelte. Seinen Enkelkindern hätte er bei diesem beginnenden Unwetter verboten, aufs Wasser zu gehen. Er aber fühlte diese Leichtigkeit und Unabhängigkeit von den Wettern. Er spürte seine Sehnsucht nach dem Einssein mit Wind, Wasser und Wellen. Er musste hart kämpfen, weil die Wellen schneller kamen als gedacht. Doch er meisterte sie furchtlos, eher spielerisch. Selbst der starke und schnell einsetzende Regen kam ihm gelegen und die vom Wind gegen sein Gesicht gepeitschten Regengüsse empfand er nicht als feindlich. Er fühlte sich vom Wasser zu allen Seiten fast umhüllt. Selbst als das schmächtige Boot einmal zu kentern drohte, wusste er die Schieflage mit dem Paddel zu parieren. Er spürte seine Kraft und sein Geschick. Fast hätte er gejauchzt, übermütig wie ein Kind. Jauchzen – das Wort kannte er nur aus dem Weihnachtsoratorium, nicht aus seinem eigenen Leben. Er fand, Jauchzen passe nicht zu seinem Alter und er wusste auch nicht genau, wie das ging: Jauchzen. Trotzdem musste etwas heraus aus ihm. Nur zu singen, wäre jetzt unangemessen, zu schwach gewesen. Die schweren Wetter sollten hören, dass er frei war und leicht. Oder schon leichtsinnig? Und erst, als er sich vergewissert hatte, dass ihn kein Mensch hören würde und der aufgebrachte See nur sich selbst zuhörte, traute er sich, seinen Schrei herauszustoßen. Zuerst eher zaghaft und kehlig, dann aber immer lauter und zuletzt war es ein Jubelschrei der Freiheit, seines Einsseins mit Wasser, Wind und Wellen. Er staunte über seine Stimmkraft, die er sich gar nicht zugetraut hatte. „Jauchzet, frohlocket!" Doch sein Jauchzen war, anders als bei Johann Sebastian Bach, kein Jauchzen über die Geburt eines heiligen Kindes, sondern über die Geburt seiner lange verschütteten Leichtigkeit. Er spürte den Jubel seines Herzens. Er war voller Freude und Kraft und tanzte, fast kindlich-übermütig, mit seinem schmalen Boot auf den Wellen. Kurz überlegte er, ob dies auch eine Situation von Gemütlichkeit sei – trotz des Unwetters. Jedenfalls war es eine Situation von Weltverbundenheit und Einheit seines schweren Mutes mit seinem leichten Sinn. Er war mit und in den Elementen und er war in s e i n e m Element. Er spürte, das war der Anfang vom Ende seiner Zerrissenheit.

Später, zurück in seiner Kartause, würde er sich einen Tee kochen.

... das sagt die Jury

Jedes Unwetter lehrt uns zu kämpfen; zu verzeihen – anderen und auch sich selbst; sich selbst kennenzulernen und seine eigenen Stärken.

„Jauchzen" von Bruno Hessel ist eine solche Entwicklungsreise und lässt uns das Leben spüren, ungeschönt und doch so versöhnlich. Mit den Zeilen wächst das eigene Selbst mutig und zuversichtlich über Selbstzweifel hinaus, trotzt dem Sturm der Worte und des Inneren und gipfelt in einer befreienden Leichtigkeit. Gefunden – Frieden und sich selbst – frei – eine Einladung, sich zu feiern, in einem Jauchzen.

Bruno Hessel

- geb. 1947 im Münsterland
- lebt seit 1978 im Ennepe-Ruhr-Kreis,
  seit 2009 in Ennepetal
- verheiratet, zwei erwachsene Kinder
- Gymnasiallehrer mit den Fächern Deutsch,
  Katholische Religion und Erziehungswissenschaft
- gelegentlich publizistisch tätig
- seit 2015 in der Flüchtlingsarbeit engagiert
- seit 2017 Mitglied der alt-katholischen Kirche
- Mitbegründer der kirchlichen Reformgruppe
  Ökumene 2017
- Mitbegründer des *Soli-Flüchtlings-Fonds-Ennepetal*

Roland Krämer

3. Platz Lyrik

Leichtsinnig
und erdenschwer

Leichtsinnig und erdenschwer
Gehe ich dahin
Und ich sehe nach wie vor
Meinen Weg darin.

Erdenschwer mit leichtem Sinn
Ist mir Last und Lust
Beides ist im Leben drin
Das ist mir bewusst.

Wäre es nur erdenschwer
Fühlt ich mich erdrückt
Herrschte nur die Leichtigkeit
Würde ich verrückt.

Lockend rief die Erde mich
Fast hätt ichs gewählt
Da regt mein Herz warnend sich:
„Denk dran, dass was fehlt!

Leicht soll nun dein Sinn dir sein
Wandernd auf der Erd
Geh du deines Weges fein
Das ist nie verkehrt."

Und so nun riskiere ich
Einen leichten Sinn
Übermut und Schabernack
Sind doch in mir drin.

„Leichtsinn, ruf die Geister her!
Schlingel, Hans im Glück
Bruder Leichtfuß und noch mehr:
Kommt zu mir zurück!"

Und ich merk mir fürderhin
Anders geht es nicht
Erdenschwer und leicht im Sinn
Das ist Gleichgewicht.

... das sagt die Jury

Leichtsinn, ein kaum zu greifender Gedanke, oftmals spontan entstanden, immer jedoch ein Loslösen aus festen Strukturen oder Situationen. Leichtsinn bedeutet auch Sorglosigkeit. Doch das Leben ist nicht nur schwarz oder weiß, nicht nur schwer oder leicht. Die Balance macht es aus.

Roland Krämer hat dieses Gleichgewicht in seinem Gedicht *„Leichtsinnig und erdenschwer"* gefunden – ein Werk, aus dem Lebenserfahrung, Mut und Hoffnung sprechen.

Roland Krämer

- geb. 1962 im Siegerland
- lebt in Schwelm
- verheiratet, drei Kinder
- Abitur 1982 in Kreuztal
- 1982 bis 1989: Studium der Evangelischen Theologie in Marburg
- 1992 bis 2021: Dienst als Pfarrer in Wittgenstein, dem Sauerland und dem Ennepe-Ruhr-Kreis
- neben dem aufkommenden Interesse am Schreiben spielt er Turnierschach, macht Musik auf der Trompete und dem Flügelhorn
- liest viel – zur Zeit mit einem Schwerpunkt auf israelischer Literatur
- sportlicher Schwerpunkt: Leichtatlethik, Langstrecken – ist mittlerweile übergegangen in Wandern mit und ohne Hund

Michael Johannes B. Lange

3. Platz Prosa

Freundschaft auf Felsen

„Wir sollten hier nicht mehr weitergehen, Mia", rief Zoe ihrer Freundin warnend hinterher.

Mia drehte sich um und blickte vom Abhang zu ihrer Freundin herab. „Und warum nicht?", fragte sie.

„Da war ein Warnhinweis", erinnerte Zoe Mia. „Der war doch deutlich genug!"

Leuchtendes Rot in grauer Landschaft mit Meerblick – wer so etwas nicht sieht, will es offensichtlich nicht sehen. Dieses Schild ist so auffällig wie die Farben unserer Jacken, dachte Zoe.

„Wahrscheinlich sind die anderen schon weiter und wir kriegen Ärger", rief Zoe Mia hoch.

Immer noch fiel leichter Regen aus grauem Himmel auf graues Meer und graue Felsen.

„Dann bleib halt stehen!", empfahl Mia und marschierte weiter die Anhöhe hinauf. Zu ihrer Linken erstreckte sich die Felswand, wo sich die Wellen mit lautem Brausen brachen. Weiter oben waren die zerklüfteten Abschnitte mit hellweißen Streifen bedeckt. Dort nisteten diese seltenen Vögel. Ganz oben erhob sich dieses Wahrzeichen.

Für ein Selfie.

Das war kein Leichtsinn mehr, dachte Zoe. Das war Irrsinn.

„Warte doch!", rief sie ihrer Freundin hinterher.

„Nein, ich bin noch nicht nahe genug!", meinte Mia.

„Das ist zu gefährlich!"

„Du quatscht genauso wie mein Vater!"

Zoe dachte an Mias Vater, der ein wenig ihrem Lehrer ähnelte. Ganz nett. Zu nett?

„Ich kann genauso gut Selfies machen wie diese …"

Nun kam von der Seeseite eine Brise auf. Nicht alle Beleidigungen wurden vom Winde verweht. Auch Zoe dachte nun wieder an Kim. Kim war so erfolgreich bei Sportwettkämpfen, dass sie wiederholt Anerkennung in den Zeitungen fand. Der neueste Artikel zeigte die beliebte Schülerpatin mit einem großen Bild beim Bouldern. Doch Mias ehemals beste Freundin war nun Todfeindin bis in alle Ewigkeit.

„Hör endlich auf zu schimpfen", bat Zoe. „Du bist einfach nicht mehr du, wenn …"

Sie stapften weiter, wutentbrannt die eine, hilflos die andere.

„Kim und du, ihr wart doch mal Freundinnen!"

„Richtig – wart! Die soll zur Hölle fahren!"

„Mein Gott, du musst endlich darüber hinwegkommen! Wie lange ist das jetzt schon her?"

„Kommt mir vor wie gestern!", rief Mia.

Mir auch, dachte Zoe, wobei sie immer sorgfältiger auf ihre Schritte achtete.

„Aber heute beginnt eine neue Geschichte! Mit der bin ich fertig!"

„Bist du das?", fragte Zoe, doch Mia schien sie nicht zu hören, obwohl sie nun stehen geblieben war, um sich umzudrehen. Triumphierend hielt sie das Smartphone hoch und sah in die Kamera. Ich sehe dich, aber so fremd warst du mir noch nie in diesem Blickwinkel. Ich kann nichts dafür, sagt sie. Ich kann nichts dafür, sagt er. Niemand kann etwas dafür. Das ist eben die Liebe. Ich kann auch nichts dafür, dass ich nicht die eine Freundin gegen die andere eintauschen will. Deshalb bin ich mit dir hier hoch gegangen, obwohl ich die Angst habe, die du jetzt haben solltest. Kein einziger Influencer hatte solch einen Einfluss auf mich wie unsere Freundschaft.

Das Geräusch und die Rutschbewegung wegbröselnder Steine waren schnell, während Zoe gleichzeitig alles wie in Zeitlupe erschien: Mias Gesichtsausdruck, als sie stürzte, ihr eigenes Stürzen zu Mia, der reflexartige Griff nach ihrem Handgelenk, das Gewicht ihrer Freundin, als sie den Abhang hinunter glitt, der plötzliche Ruck, der mit einem Reißen durch Zoes Körper fuhr, als sie Mias Fall stoppte, während das Smartphone in die Tiefe fiel und in der aufpeitschenden Brandung so spurlos wie lautlos verschwand.

Zoe sah Mia in die Augen. Dann verschwamm alles in Tränen. Hier gibt es nun kein Selfie. Dieses Bild hier und jetzt ist für die Ewigkeit. In diesem Abgrund liegen Chatnachrichten, Emoticons, Emojis und Likes. Durch die Tränen sah Zoe Mias Gesicht, während über ihnen die Vögel schrien.

„Ich halte dich!", weinte Zoe verzweifelt. Aber wie lange noch? Dieses Gleiten, Mias Haut, ich habe ihre Haut noch nie zuvor so gespürt, Zentimeter um Zentimeter ...

Überrascht spürte Zoe einen fremden Ruck durch ihren Körper, als sie von der anderen Seite fort-gezogen wurde. Gleichzeitig sah sie vor sich den Selfie-Stick, nach dem Mia nun ächzend griff. Mit einer letzten Kraft, von der sie nicht gewusst hatten, dass es sie überhaupt gab, zogen sich Mia und Zoe vom Abgrund weg und wurden immer weiter in Sicherheit gezogen.

Es war Kim. Später stellte sich heraus, dass sie mit ihrem Lehrer denselben Weg hinaufgeklettert war, als Mias und Zoes Fehlen aufgefallen war.

Die letzten Meter war sie gespurtet und nur einmal ausgerutscht.

Sie starrten sich an.

„Ich weiß nicht, was ich sagen soll", stotterte Mia mit rotem Kopf.

„Dann mach doch von uns dreien ein Selfie", schlug Kim vor und überreichte Mia ihr Smartphone. „Hauptsache, es wird nicht so ein peinlicher Schwachsinn, den dein Ex-Freund, äh, mein Ex-Freund, gepostet hat."

... das sagt die Jury

„Freundschaft auf Felsen" – schon der Titel mit der Alliteration und die Assoziationen, die sich mit den Begriffen verbinden, faszinieren. Freundschaft ist etwas Wertvolles, und Felsen verheißen Standfestigkeit und Dauer. Michael Johannes B. Lange aber zeigt in der kurzen Szene, im Dialog und im inneren Monolog die Brüchigkeit der Beziehungen zwischen den drei agierenden jungen Frauen auf. Das Ende hält eine Überraschung bereit.

Es ist auch eine Geschichte der Bilder. Farben spielen eine Rolle: das leuchtende Rot in grauer Landschaft, die Felswand mit hellweißen Streifen. Zur Bilderwelt gehören auch Selfies; Selfies, die das Leben dokumentieren sollen, dieses aber auch zu einem Wettbewerb machen. Die Pointe: Der entscheidende Augenblick kann nicht festgehalten werden.

Michael Johannes B. Lange

- geb. 1968
- lebt in Ennepetal
- veröffentlicht seit 2014 Kurzkrimis,
  Science-Fiction-Stories und Kurz-
  geschichten mit zeitgeschichtlichem Bezug in
  diversen Anthologien
- 2013 zweiter Platz beim Prosa-Wettbewerb *„Prisma"*
  des *Autorenkreises Ruhr-Mark*
- 2019 dritter Platz beim Geschichten-Wettbewerb des
  Unikatum Kindermuseums Leipzig.

Teil 2

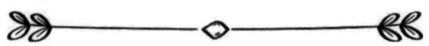

Weitere
lesenswerte Texte

Franca Zajac

Ein fremder Ikarus

Staub sammelt sich auf Straßen, die der Regen vergaß.
Der Sonne sind wir alle egal.
An einem Sommertag
Fällt mir die Gleichgültigkeit leicht.
Die Hitze schmilzt mich dem Erboden gleich
Und ich spüre die Steine im Magen nicht mehr.
Ich wundere mich nicht, ich denke an nichts,
Ich glaube an nichts.
Hitze füllt meinen Teekesselkopf,
Heiße Luft, die nach Inhalt schreit,
Es ist nur Sommer, es ist nur Sommer.
Morgen wird es wieder kalt,
Doch heute bin ich der Schwere fremd,
Die die Wolken mit sich tragen.
Ich grabe in mir nach Kohle und Erz,
Das Feuer muss noch heißer brennen,
Futter für die Kraft der Absurdität.
Mein Kopf ist ein Heißluftballon,
Der zum Himmel steigt.
Auch Ikarus glaubte an sich selbst,
Ein tödlicher Leichtsinn, und die Sonne der Mörder.
Ich denke nicht, also bin ich nicht,
Also werde ich wieder zu Staub
Der auf Straßen liegt, die der Regen vergaß.

Björn D. Neumann

Schmetterlinge

Heute begann ihr neues Leben. Zu lange lebte sie, gequält von Bedenken und Sorgen, in dem Käfig, den sie sich selbst erschaffen hatte. Jeder Schritt wurde genau abgewägt. Jede Entscheidung mit einem „Ja, aber" in Frage gestellt. So konnte es nicht weitergehen, dachte sich Sofia, und während sie das zu sich selbst sagte, zeigte der innere Kompass schon wieder in Richtung des sicheren Hafens. Der Kompass, der von Kindesbeinen auf die Gefahr des Versagens programmiert war. Der ihr sagte, sie sei nicht gut genug, nicht stark genug. Die Programmiererin war nicht mehr da. Sie hinterließ ein Loch und die Stimme wurde leiser. Dennoch war sie permanent hörbar und die Nadel des Kompass' unbeirrbar. Heute war der Notausgang für Helden verschlossen. Zu weit hatte sie schon den Kopf aus ihrem Schneckenhaus gestreckt, die wohlige Sicherheit ihrer Komfortzone verlassen.

Sofia begutachtete sich im Spiegel. Der Lippenstift gewagt rot. Die Augenbrauen verführerisch schwarz getuscht. Die Stimme sagte: „Nicht auffallen!" Sie antwortete: „Sei still!" Sofia widersprach ihr. Unsicher, was richtig und was falsch war. Hatte der Kompass nicht immer recht? Was hatte sie nur dazu getrieben, auf eine Anzeige zu antworten? Aus dem Internet! Das war doch Blödsinn. Die Stimme raunte ihr was von Fake-Profilen, Vergewaltigern und Serienmördern zu. Sie antwortete nicht. Sie versuchte zu ignorieren. Versuchte. Ein klitzekleines Korn der Unsicherheit war aber bereits gesät. Und selbst wenn sie es nicht beachtete, wuchs es, gedieh und ... Tränen brachen sich ihren Weg. Tusche verrann. Das kleine Mädchen zerbrach die Fassade und verkroch sich unter die Decke. Wut und Ohnmacht.

Neuer Versuch. Neuer Mut. Weniger Schminke. Mehr Panzer gegen die Selbstzweifel. „Der mag mich bestimmt nicht!" „Der will nur eine weitere Kerbe am Bettpfosten!" „Ein anständiges Mädchen macht das nicht!" Ein gequältes Lächeln im Spiegel schien sie zu verhöhnen. Ein Hauch Parfum. Er war doch nett. Hat lange Briefe geschrieben, stundenlang telefoniert. Nein, so weit ging ihre Menschenkenntnis, dass er ihr nichts Böses will ... oder? Wo hört Vernunft auf? Beginnt der Leichtsinn? Steigert sich in Übermut? Die Stimme kennt die Antwort. Egal! Wer nicht wagt, der nicht gewinnt. Und ist „leicht" nicht eigentlich ein wunderbares Wort? Jedenfalls besser als trüb oder schwach. Ihre Gedanken begannen zu fliegen. Ihr Sinn wurde schwerelos und flatterte, einem Schmetterling gleich, über eine bunte Wiese angenehmer Träume. Der Blick auf die Uhr verwandelte diesen Schmetterling in eine graue Motte und schlagartig war die Stimme wieder zu hören. „Geh nicht. Du kannst nur verlieren", flüsterte sie. „Sei ruhig! Ich brauche dich nicht mehr! Ich bin stark!"

Sie schloss die Augen. Streckte das Bein aus dem sicheren Hafen und setzte den ersten Schritt auf die Straße. Erst zaghaft, dann mit jedem Meter sicherer. Bestimmter. Kopf hoch, Brust raus. Die Stimme verklang. Sie hörte nur noch den eigenen Herzschlag im Rhythmus der pulsierenden Großstadt. Normal, nicht ihre Welt. Heute sprang sie kopfüber in das unbekannte Element. Es war nicht kalt. Es fühlte sich angenehm an. Sie schwamm sich frei. Meter für Meter. Denken verbannt. Nur sein. Die nächste Ecke. Nur Mut. Nicht denken. Nicht ... Abrupt blieb sie stehen. Braune, gütige Augen lächelten ihr entgegen. „Sofia? Ich bin Georg." Schweigen. Blicke nach unten gerichtet. Fußspitzen sahen sich an. „Ich hatte solche Angst, dass du nicht kommst."

Zwei Schmetterlinge tanzten durch die Nacht. Zu scheu, sich zu berühren, umschwirrten sie die zarte Pflanze Vertrauen. Ließen sich auf ihr nieder, stoben wieder davon und erkannten, dass sie gut füreinander waren. So ging es bis Mitternacht. Bis Aschenputtel nach Hause musste. Kurzer, bittersüßer Abschied. Ein kleiner Tod, in dem Wissen, einen Menschen gefunden zu haben, der die Stimme vertreibt und die Sinne leicht macht.

Clara Cosima Wolff

Leitsinn

ach du mein Leichtchen
treibst mich an ziehst mich aus
weh nicht fort hörst du nicht gleich
mein Eichsinn du du bäumst mich auf
schwingst mich weich zeigst mir
Meinreiche die sticheln je länger
ich fernbleib desto ärger der
Ändertrieb also folg ich dir lieb
mein Nichtslein dir spring ich nach
reich mir die Leitlinie leichthin bin
Leid noch gewohnt verleit mich zu
lichten Weiten teichel
mein ichle seicht

Eva Ihnenfeldt

Von mir und uns -
und unserem Narren

Oh, wahrlich bunt ist meine Familie. Und wahrlich schwer zu bändigen. Wir sind eine Lebensgemeinschaft, und wir wohnen seit der Geburt meines Körpers in dessen Kopf. Im Laufe der Jahre ist so Einiges passiert. Wir wurden älter, wir zogen immer mal um, wir lernten, arbeiteten, auch gab es Ab- und Zugänge. Viel könnte ich erzählen von unseren Abenteuern auf dem Planeten Erde, doch in dieser Geschichte möchte ich mich besinnen auf meinen Wandergesellen Till, auf die vielen Jahre Freundschaft mit Bruder Leichtsinn – dem lachenden Vagabund.

Doch zuerst will ich mich höflichst vorstellen: Ich bin der Herr im Hause „Ich Bin", bin das Familienoberhaupt. Ich bin der Organisator und General dessen, was man in der Literatur gern als die „Heldenreise" umschreibt. Was für ein Typ ich bin? Nach außen Mutter und Hure, nach innen Krieger und Star. Ich liebe es, die Menschen zu unterhalten, zu verführen, zu überzeugen, zu beglücken. Kommt man mir mit Verträgen, bin ich weg. Will man mich meiner Freiheit berauben, mich locken mit Geld und Sicherheiten, setze ich mich zusammen mit meinem Till, und wir finden einen Aus-Weg. Immer.

Wer sonst noch so lebt im Hause „Ich Bin"?

Da ist die Blau Gewandete, die Mutter, die Heilige, die am liebsten die ganze Welt umsorgen würde. Sieht sie ein leidendes menschliches Wesen, ist sie zur Stelle. Dann bremst sie ihr Gefährt aus voller Fahrt in Nullkommanix und bleibt mit quietschenden Reifen stehen, um zu tun, was auch immer getan werden kann. Ihr Herz ist voller Liebe und Mitgefühl.

Ihr zur Seite steht ihre Schwester, die Hure, die nach dem Prinzip lebt: „Nichts ist umsonst. Alles muss bezahlt werden." Ohne sie wäre die Blau Gewandete verloren. Die Hure ist schillernd, spielt gern mit ihrer Verführungskunst. Sie kennt eine Menge Taschenspielertricks, um ihren Vorteil zu sichern. Sie ist eine Marketenderin, eine Händlerin, und sie handelt gut.

Und dann sind da noch der Richter, der Verbrecher, der Ausgestoßene, der Weise und der Poet. Und natürlich der Till, der Narr, der mit seinen Streichen immer wieder dafür sorgt, dass das kleine Dorf die Koffer packen muss und umziehen. Heimat kennt meine Familie meist nur für einige Jahre. Wir leben als fahrendes Volk in einer Welt voller Gefahren und Abenteuer. Und manchmal sitzen wir nachts beieinander und nicken: „Ja ja, das Leben ist kein Ponyhof."

Till und ich sind gute Freunde

„Till!" „Schrei nicht so, was willst du denn?" „Ich will dich vorstellen und eine Geschichte über dich schreiben." „In Ordnung. Aber lass es nicht zu lange dauern. Du weißt, was lange währt, wird ranzig und faul. Lass es uns rasch durchziehen. Auf dass ich mich nicht langweile. Ich verabscheue Langeweile."

Ja ja, da hat er recht, der Till. Es war schon so, als unser Dorf noch in einem Kind wohnte. Ob in der Schule, ob daheim, ob im Flötenunterricht oder nachts im Bett ... sobald Till das Gefühl hatte, in Stillstand gefangen zu sein, fingen die Beine des Mädchens an, zu zappeln und zu zucken. Noch heute, in der welkenden Körperlichkeit einer älteren Frau, ist es wie eh und je. Nur dass ich heute weiß, was zu tun ist, um Stillstand zu vermeiden. Heute bin ich ein guter Anführer geworden, und mein Dorf ist zufrieden mit mir.

„Till, Bruder Leichtsinn, ich wollte dir danken, auf Knien danken. So soll meine Geschichte sein. Ein Hohelied auf den Narren soll es werden. Ich will es laut singen und will dich preisen. Du bist unser verlässlicher Retter, unser lachender Vagabund. Hast uns immer wieder aus den Sackgassen des Lebens gezogen mit deinen gottlosen Narreteien."

Till strahlt und klatscht in die Hände. Er zwinkert mir zu und lässt übermütig die Schellen seiner Narrenkappe klingeln. „Ich gebe zu, solch Beifall und Anerkennung tun auch mal gut. Das lasse ich mir wohl gefallen, Bürgermeisterchen."

Und so sitzen wir da und wagen es, uns an so einige Abenteuer zu erinnern. Die Geschichte, als der Narr mit den zuckenden Beinen das Heim einer Arztfamilie einriss, in der die Blau Gewandete die Mutter von drei Kindern war. Die Geschichte, als das Dorf mal wieder alles aufgab, weil die Hure sich in einen gescheiterten, schwer kranken Helden verliebte. Die Geschichte, als Till uns in einem Wutanfall dazu brachte, das Unternehmen zu verlassen, das wir gegründet und über Jahre mühevoll aufgebaut hatten. Na ja, und dann die unendlich vielen kleinen Anekdoten. Die Fluchten, die Blitzkriege, die Liebestollheiten, die Freuden der unerwarteten Zufälle und Überraschungen. „Die erste Chance ist immer die beste", ruft Till fröhlich aus und prostet mir zu. Strahlend und ein wenig betrunken gehen wir auseinander. Was braucht man da draußen Geselligkeit, wenn man in sich selbst eine so großartige Familie ist?

Leichtsinn, Schwersinn und die Münze des Glücks

Unser kleines Dorf erinnert mich oft an das Musical Anatevka. Als ich den Film im kindlichen Mädchenkörper zum ersten Mal sehen konnte, traf es mich wie ein Blitz. Meine Mutter schenkte mir die Langspielplatte mit den deutschen Versionen der Musik, und immer wieder hörte ich meine beiden Lieblingslieder „Zum Wohl L'Chaim!" und „Fort aus dem Elternhaus".

So war es immer gewesen in meinem Leben. Es gab gute Zeiten und schlechte Zeiten. Zeiten der unbeschwerten, geborgenen Freude, und Zeiten, in denen sich das Unheil gleich einem nahenden Unwetter über uns zusammenzog. Es gab diese Münze, die wir warfen, wenn wir nicht mehr weiterwussten. Wir wurden immer souveräner darin, den richtigen Moment abzuwarten. Wirfst du die Münze zu früh, hältst du nicht durch. Wirfst du zu spät, bist du müde – ein krankes, gebeugtes, bedauernswertes Dorf.

Unser Dorfrat ist unsere Routine. Jeden Morgen beim Frühstück sitzen wir beieinander, reflektieren und planen. Leidet das Dorf, müssen wir Entscheidungen treffen. Kommen wir über unseren Dorfrat zu keiner tragfähigen Lösung, werfe ich als Anführer die Münze hoch in die Luft. Nun sind die himmlischen Mächte gefragt. Liegt „Schwersinn" oben, müssen wir uns vorerst in unser Leid und unseren Schmerz fügen. Das sind die Zeiten, in denen wir das Sterben lernen, in denen wir alles Glück verloren haben. Angst, Schuld, Siechtum und Scham senken sich hinab auf unser Dorf. Das sind schwere Zeiten, aber sie sind von überragender Bedeutung. Ohne diese Schwersinn-Zeiten gibt es keine Alchemie, keine Umwandlung von Schlamm in Gold.

Und dann, wenn die Nacht am schwärzesten, kommt die große Stunde des Narren. Wir werfen die Münze hoch, und trotz der Finsternis strahlt sie hell wie ein funkelnder Stern. Sie fällt – und Hurra! Der Leichtsinn ist da! Unsere Schwere ist wie weggeblasen, wir lachen und feiern im Angesicht unseres totalen Verlusts.

Und so brechen wir auf mit Till an der Spitze, sein buntes Kostüm und seine Schellen weisen uns den jeweils nächsten Schritt. Abenteuer Ungewissheit, verantwortungslose Pflichtvergessenheit, unbedarftes Vertrauen in unverschämter Selbstliebe, so ziehen wir den Wagen bergauf und bergab. Danke Till, du

Bruder Leichtsinn. Du rettest uns immer wieder aus der Falle. Je länger unser Dorf auf diesem Planeten und in diesem Körper weilt, desto sicherer ist unser Schritt. Alter Fuchs auf dünnem Eis. Und wenn das Eis irgendwann bricht, dann bricht es eben. Dann ist „Aus die Maus".

Kristin Kelch

Wie wohl weiter
leichten Sinnes sein

Deutungswandel in Allem, wenn das Nach- und
Vordenken beginnt und Glaubenssätze,
die, eingeprägt von Anfang an, wie Schätze,
als Warnung kommen aus dem eig'nen Mund.

Heute ist es von Leichtsinn des Nachts allein'
nach Hause zu geh'n, Geld zu verwetten
und zu erwachen in uns fremden Betten;
ein Sprung von der Schaukel könnt sich'rer nicht sein.

Guter Rat wird teuer, bezahlt mit Verzicht
auf weltvergessene Freuden. Ins Glas
schütten wir uns den Leichtsinn. Auf Kindermut

trinken wir; nüchtern ist frei sein meist nicht
erlaubt. Erinnern uns liegend im Gras
ans Blind-drauf-los-Rennen; Leichtsinn tut gut.

Teil 3

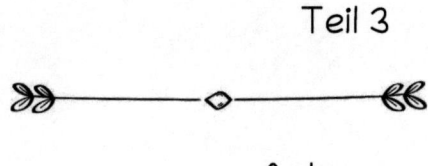

Anhang

Abenteuer Wettbewerb

Abenteuer Wettbewerb? Ja, es ist schon ein kleines Abenteuer, einen Literaturwettbewerb auszurichten. Spannung, Mühsal, Ungewissheit, all dies hält ein solches Projekt bereit, aber auch Freude, Staunen und nette Begegnungen. Doch der Reihe nach.

Alles beginnt mit einer Idee. Einen Wettbewerb richtete der Autorenkreis Ruhr-Mark zuletzt im Jahre 2013 aus. *„Prisma"* lautete das damalige Thema. Fast zehn Jahre später fanden die Vereinsmitglieder, es sei Zeit für einen neuen. Eine Weile warf der Gedanke nur undeutliche Schatten voraus, doch dann schließlich, Anfang 2023, wurde der Entschluss gefasst: Erneut würden wir das Abenteuer wagen.

Ein Thema musste gefunden werden, und das gelang erfreulich schnell. Gegen *„Träume"* und *„Leichtigkeit"* machte das Thema *„Leichtsinn"* das Rennen – ein ebenso spannendes wie weiträumiges Arbeitsfeld für die Autorinnen und Autoren.

Es folgten einige Sitzungen, in denen die Idee konkretisiert wurde. Viel gab es zu bedenken, und so diskutierten wir über Preisgelder, Altersgrenzen und besonders intensiv über das Abstecken des Einzugsbereiches. Wir wünschten uns einen regionalen Bezug (ohne dass sich dies in den Texten niederschlagen musste), aber natürlich freuten wir uns auch auf möglichst viele Beiträge. So einigten wir uns auf den Märkischen Kreis und den Ennepe-Ruhr-Kreis und nahmen die angrenzenden Städte mit hinzu. Dies entspricht – bis auf wenige Ausnahmen – dem Wohnumkreis unserer derzeitigen Mitglieder.

Jeder Wettbewerb braucht eine Jury. Unser Schreibaufruf umfasste sowohl Prosa als auch Lyrik, also brauchten wir gleich zwei. Sechs Personen aus unserem Kreis wurden zu Jurymitgliedern ernannt, drei für jedes Genre. Sie sollten die Last – aber auch die Lust – der Preis-Entscheidung tragen. Dazu würden sie alle Beiträge in anonymisierter Form und in einheitlicher Formatierung erhalten.

Dann endlich stand der 01.06.2023 vor der Tür – als Ausschreibungszeitraum hatten wir die Monate Juni, Juli und August 2023 bestimmt. Um 0:01 Uhr erschien der Aufruf auf unserer Website. In den kommenden Tagen wurde er in zahlreichen Literaturforen veröffentlicht. Einige unserer Mitglieder sorgten für Artikel in der Presse, andere für Posts auf Instagram und Facebook oder verteilten Plakate in Büchereien und Buchhandlungen. Über persönliche Kontakte erfuhren Freunde und Bekannte von unserem Projekt, und sogar in anderen Literaturkreisen und im Radio wurde es beworben.

Dennoch mussten wir lange warten, bis die ersten Beiträge eintrafen. Lag es an der Urlaubszeit? Hatte unsere Werbung versagt? Gab es Grund zur Panik? Das war schwer zu beurteilen. Mehrfach überprüften wir unsere Präsenz in den verschiedenen Medien. Auch die Mail-Adresse wurde auf korrekte Funktion geprüft. Doch es war alles in Ordnung. Vermutlich mussten wir den zukünftigen Beiträgen einfach noch einige Zeit zum Reifen gönnen.

Im letzten Monat der Frist steigerte sich schließlich die Anzahl rapide. Allein an den letzten beiden Tagen erhielten wir 16 Beiträge. Am späten Abend des 31.08.2023 erreichte uns die letzte Bewerbung und lag nun gemeinsam mit zahlreichen anderen zur Beurteilung auf dem Tisch.

Somit waren die Jurys an der Reihe. Jeder Beitrag musste – wenn nicht längst geschehen – gelesen und bewertet werden. Die persönlichen Eindrücke mussten mit den Kolleginnen und Kollegen geteilt und diskutiert werden. Nach kurzer Verzögerung durch Ferien- und Urlaubszeiten einigten sich die Jurys schnell, und am Ende standen die preiswürdigen Beiträge fest. Salut!

Ein großer Teil der Arbeit begann erst jetzt: Die glücklichen Gewinnerinnen und Gewinner mussten benachrichtigt werden, ebenso die übrigen Teilnehmenden. Die Urkunden mussten angefertigt und die gewählten Texte für den Druck aufbereitet werden. Wir gestalteten die hier vorliegende Wettbewerbs-Anthologie, planten die Preisverleihung und bereiteten alles für eine schöne Feier vor – viel Aufwand und viele Mühen für ein schönes Endergebnis.

Die Preisverleihung am 09.12.2023 in der Stadtteilbücherei Hagen-Hohenlimburg wird der letzte Akt in diesem Abenteuer sein. Wir sind gespannt darauf, die Gewinnerinnen und Gewinner kennenzulernen, und auch auf die Art und Weise, wie sie ihre Beiträge vortragen werden. Wir freuen uns auf interessante Begegnungen und nette Gespräche.

Rückblickend betrachtet ist ein Wettbewerb tatsächlich ein Abenteuer. Leichtsinn aber ist er nicht.

Peter Teuchert
2. Vorsitzender
Autorenkreis Ruhr Mark e. V.

Die Ausschreibung

Mit dieser Ausschreibung wurde der Literaturwettbe-werb am 01.06.2023 offiziell gestartet. Veröffentlicht wurde sie auf der Website des Autorenkreises.

***Achtung!** Der Wettbewerb ist beendet, bitte nicht mehr bewerben :-)*

Der Autorenkreis Ruhr-Mark e. V. mit Sitz in Hagen schreibt erneut einen Literaturwettbewerb aus:

- Die Kategorien sind Prosa und Lyrik.
- Das diesjährige Thema lautet „Leichtsinn".
- Der Einsendeschluss ist der 31.08.2023.
- Für Menschen ab 18 Jahren aus den unten aufgeführ-ten Regionen.
- Der Wettbewerb ist mit insgesamt 1200 Euro dotiert.
- Teilnahmebedingungen und weitere Informationen siehe unten.

Zur Inspiration

„[...] du reine Begegnung des Leichten mit dem Schweren, du Leichtsinn des Gewichts [...]" nennt Rainer Maria Rilke eine *„an sich selber anklingende"*, *„in sich selber zurückstürzende"* Fontäne – und legt damit bereits einige Lesarten des Themas unseres Literaturwettbewerbs dar. In musterhaften Beschreibungen ist der Leichtsinn oft den Jungen, den Verantwortungslosen vorbehalten und geht mit einer tadelnden Kritik einher, die vor katastrophalen Folgen warnen soll. Nur zu gern vergisst man dabei das gigantische Ausmaß an Entdeckungen und Errungenschaften, die nur durch einen (mitunter ungesunden) Leichtsinn zustande gekommen sind und nicht nur große Auswirkungen auf das Leben des Einzelnen, sondern auch auf die gesamte Menschheitsgeschichte haben.

Aber an welcher Stelle und zu welchem Zeitpunkt ist der Leichtsinn nun leicht? Und – sofern er wirklich ein Sinn ist – ist er dann vielleicht der sechste? Liegt die goldene Mitte, die positive Würdigung des Leichtsinns erst in seinem erfolgreichen Ergebnis? An welcher Stelle beginnt man, das „Über" des „Muts" zu tolerieren? Und eine vielleicht noch wichtigere Frage: Wie groß ist die Rolle des Leichtsinns im Schaffen der Schreibenden und Dichtenden?

Als letzte Inspiration möchten wir Ihnen ein Zitat aus Theodor Fontanes „Effi Briest" mit auf den Weg geben: *„Wer gerade gewachsen ist, ist für Leichtsinn. Überhaupt ohne Leichtsinn ist das ganze Leben keinen Schuss Pulver wert."*

Holen Sie also Ihre Federhalter, Bleistifte oder Laptops heraus und wägen Sie Ihre Worte mit Bedacht und Sorgfalt ab.

Teilnahmebedingungen

- **Alter:** Zum Einsendeschluss (31.08.2023) sind Sie mindestens 18 Jahre alt.
- **Wohnort:** Sie wohnen im Ennepe-Ruhr-Kreis, im Märkischen Kreis oder in einer der umliegenden Städte Wuppertal, Bochum, Schwerte, Dortmund, Hagen.
- Ihre Wettbewerbstexte dürfen **noch nicht veröffentlicht** worden sein (im Internet veröffentlichte Texte gelten als veröffentlicht).

Einsendungen

- Einsendeschluss ist Donnerstag, der 31.08.2023.
- Beiträge per E-Mail an wettbewerb@autorenkreis-ruhr-mark.de.

Eingereicht werden kann
- **entweder** ein Prosatext von bis zu **8000 Zeichen** (einschließlich Überschrift und Leerzeichen)
- **oder** maximal drei Gedichte von insgesamt bis zu **90 Zeilen** (einschließlich Überschrift und Leerzeilen).

Anonymisierte Einreichung

Für eine **anonyme Bewertung** strukturieren Sie Ihre E-Mail bitte wie folgt:
1. Nennen Sie uns zunächst Ihren Namen, Ihren Wohnort und Ihre E-Mail-Adresse.
2. Teilen Sie uns Ihr Geburtsjahr mit (falls 2005, dann bitte das komplette Datum).
3. Handelt es sich bei Ihrem Beitrag um einen Prosatext oder um Lyrik?
4. Wählen Sie ein beliebiges, möglichst individuelles Kennwort, z. B. Buchwurm123.
5. Speichern Sie Ihren Prosatext bzw. Ihre Lyriktexte in einem OpenOffice-, Word- oder einem reinen Text-

dokument und geben Sie als Dateinamen Ihr Kennwort an. Bitte kein PDF-Dokument!

6. Ihr Name darf weder im Kennwort noch im Dokument vorkommen!

7. Hängen Sie Ihr Dokument an Ihre E-Mail an – nicht vergessen ;-)

8. Ein aussagekräftiger Betreff und ein paar Worte, die sagen, worum es in der Mail geht, helfen uns und allen SPAM-Filtern auf dem Mail-Wege, die Mail als Nicht-SPAM zu erkennen :-)

Die eingegangenen Dokumente werden (ohne die Personendaten) an zwei Jurys weitergeleitet, die jeweils aus drei Autorenkreismitgliedern bestehen.

Preise

- **Pro Kategorie Prosa und Lyrik** gibt es drei Preise zu gewinnen: **300 Euro, 200 Euro und 100 Euro Preisgeld**.
- Für die Preisträgerinnen und Preisträger besteht die Möglichkeit, unserem **Autorenkreis beizutreten**.
- Die Preisträgerinnen und Preisträger werden per E-Mail benachrichtigt.

Anthologie

- Nach dem Wettbewerb wird eine Anthologie mit den prämierten Texten veröffentlicht.
- Die in der Anthologie vertretenen Autoren und Autorinnen erhalten je eine kostenlose Anthologie und einen Rabatt auf weitere Exemplare des Buches.
- Die Urheberrechte verbleiben bei den Autoren und Autorinnen. Mit der Einsendung Ihrer Texte räumen Sie dem Autorenkreis Ruhr-Mark e. V. das Recht ein, diese in der geplanten Wettbewerbsanthologie „Leichtsinn" zu verwenden (Copyright).

Abschließendes

- Allzu fehlerhafte Texte werden nicht bewertet.
- Mitglieder des Autorenkreises Ruhr-Mark e. V. sind von der Teilnahme ausgeschlossen.
- Bei der **Preisverleihung** möchten wir Sie gerne persönlich kennenlernen. Ort und Zeitpunkt der Preisverleihung werden noch bekannt gegeben – voraussichtlich wird sie in Hagen oder in Iserlohn stattfinden.

Wir wünschen viel Spaß und viel Erfolg bei der Teilnahme an unserem Literaturwettbewerb,

Ihr Autorenkreis Ruhr-Mark e. V.

Leichtsinn